Lk⁷2405

ESSAIS

HISTORIQUES ET BIOGRAPHIQUES

SUR DIJON.

A DIJON, DE L'IMPRIMERIE DE FRANTIN.

LETTRE
A M. GIRAULT,

Pour servir de supplément à ses essais historiques et biographiques sur Dijon.

AVEC UNE TABLE DES MATIÈRES.

*Amicus Plato,
magis amica veritas.*

A DIJON,
CHEZ COQUET, LIBRAIRE,
Place Saint-Jean.

1815.

LETTRE
A M. GIRAULT,

Jurisconsulte, etc. membre de plusieurs Académies et Sociétés littéraires, etc. pour servir de supplément à ses Essais historiques et biographiques sur Dijon; *volume in-12. 1814.*

Monsieur,

Dans le nombre des personnes que vous avez citées à la dernière page de vos *Essais historiques sur Dijon*, pour les remercier *des bons renseignemens* qu'elles vous ont fournis, il en est qui n'avoient pas eu la satisfaction de pouvoir répondre à vos demandes, parce que le temps leur avoit manqué pour cela; et en exprimant votre reconnoissance à leur égard pour l'intention que vous leur avez supposée, vous leur avez donné un témoignage de politesse dont il est juste que le public soit instruit. C'est aussi par reconnoissance que je me suis fait un devoir de vous transmettre quelques observations dont vous ferez, Monsieur, l'usage que vous jugerez convenable. Peut-être daignerez-vous y jeter les yeux, quand vous préparerez une nouvelle édition de votre ouvrage : mais comme je ne puis pas me dissimuler qu'elles pourront être utiles aux amateurs qui, s'étant procuré la première, se proposent sans doute de la relire avec attention et de la consulter au besoin, j'ai pris le parti de publier ces petites notes, qui prendront humblement leur place à la suite de vos *Essais historiques :* et pour vous prouver, Monsieur, que je n'ai point d'autres vues, que de mériter ma portion des remercîmens énoncés à votre page 552; je suivrai simplement l'ordre de celles qui précèdent, sans chercher à lier ensemble les observations diverses que j'ai faites en parcourant votre livre. Je n'ai pas besoin de vous en dire davantage, pour vous faire connoître, comme j'espère que tous les lecteurs le reconnoîtront de même, que c'est uniquement la vérité *historique* et *biographique*, dont j'ai voulu vous soumettre, Monsieur, la cause et les intérêts. Si j'ai moi-même fait quelques erreurs, je désire très sincèrement qu'on les rectifie.

J'ai l'honneur d'être,

Votre affectionné serviteur,

BAUDOT aîné.

PRÉCIS.

*P*AGE 13 *med. et fin.* Les vignettes de la grande Histoire de Bourgogne ne méritent pas d'être citées comme autorités historiques, parce que les costumes du temps n'y ont point été observés : ce sont des dessins d'imagination.

Pag. 16 *fin.* Vous citez l'inscription de Morat, comme si vous la donniez entière : il falloit annoncer que vous n'en citiez qu'une petite partie.

PREMIÈRE PARTIE.

Pag. 34 *med.* Il falloit dire que la *Flore de Bourgogne* de feu M. *Durande père* a trois volumes in-8.°, y compris *les notions élémentaires de Botanique* qui forment le premier, publié en 1781.

Pag. id. fin. L'ouvrage qui a le plus contribué à établir la réputation de M. *Durande*, avec une certaine distinction, c'est son *mémoire sur l'effi-*

cacité du mélange d'éther sulphurique et d'esprit de térébenthine dans les coliques hépatiques produites par les concrétions biliaires. Il est imprimé dans les sémestres de l'académie de Dijon, 1782, in-8°.

Pag. 35 *init.* et *la note.* La tête de la carte botanique n'est pas le *chef-d'œuvre de Monnier.* A l'exception des vignettes du 4.e volume de l'*Histoire de Bourgogne*, les ouvrages cités de ce graveur sont peu dignes de remarque. En général, Monnier réussissoit moins dans la taille douce que dans la gravure en creux. On voit avec plaisir la médaille pour le prix de M. Legouz, les sceaux pour l'académie, pour la préfecture, etc. Il en a fait une quantité immense pour les communes pendant la révolution.

Pag. 36 *initio.* C'est *le 19 janvier 1609* que la commission de démolir ce château fut présentée au parlement de Dijon : la date de *1607* citée d'après Courtepée n'est pas exacte.

Pag. id. fine. La construction du

monastère des feuillans de Fontaine fut commencée en 1619.

Pag. 40. Au lieu de citer Jean *Piochon* qui n'est resté que très peu de temps dans le monastère des chartreux de Dijon, et M. *Cretet* qui en a opéré la destruction, il valoit mieux nommer les religieux qui se sont distingués par leur mérite personnel et par les travaux qu'ils ont fait exécuter dans cette belle maison que les princes venoient visiter à leur passage à Dijon. Vous auriez trouvé des détails intéressans sur ces prieurs, et en général sur la chartreuse de Dijon, dans le *mémoire* de l'abbé Chenevet, imprimé par M. Frantin en 1778.

Pag. 43 in fin. Feu M. le docteur Maret a publié en 1773 un *mémoire sur le danger d'inhumer les morts dans les églises*, avec une *note à ajouter, etc.*, imprimée en 1774; et une *lettre sur la maladie épidémique de Saulieu*, attribuée à des *inhumations dans l'église paroissiale de cette ville :* insérée dans la *Gazette de santé*, 1773, n.° 6.

Pag. 50 *fin.* M. *Navier,* époux de la nièce de M. Gauthey, étoit mort en 1793; ainsi il n'avoit pu concourir à l'édition des œuvres de cet ingénieur décédé en 1806 (et non pas 1807) : il falloit dire que ce travail a été fait par M. Navier fils, petit-neveu de M. Gauthey.

Pag. 55 *fin.* Les *danseuses* n'appartenoient vraisemblablement pas au même monument que la pierre du triumvirat : les conjectures que vous tirez de cette supposition sont tout-à-fait gratuites.

Pag. 59 *init.* Les jésuites furent supprimés en 1763, et les lazaristes passèrent dans leur maison de retraite en 1771. V. le *mémoire* de M. Chenevet, imprimé en 1782.

Pag. id. Il faut ajouter aux noms des fondateurs des lazaristes à Dijon, celui de M. Chandenier, abbé de Moutier-Saint-Jean.

Pag. 61 *init.* L'allée *de la Retraite*

a été plantée en 1756, aux frais de la ville. M. de la Marche avoit fait planter seulement les allées qui sont au-devant du clos de Montmusard, et cela avoit été fait sur la fin de 1739.

Pag. 66 *fin.* Le clos de *Montmusard* a été vendu au mois de décembre 1772, moyennant 120,000 l. payées comptant.

Pag. 76 *med.* Il eût été juste de dire un mot des pères *Delahaye* et *Delachaize* qui ont résidé long-temps dans la maison de Dijon, et ont beaucoup contribué par leurs savantes recherches, quoi qu'on en ait dit, à la description générale et particulière du duché de Bourgogne.

Pag. 83 *med.* Je ne sais où vous avez vu que *Louis* de la Tremouille fut *le premier gouverneur de Bretagne.* Il eut le titre d'amiral de Bretagne, et fut gouverneur de Bourgogne en 1506, à la place d'Engelbert de Clèves.

Pag. 84 *fin.* C'étoit ici le lieu de parler de la belle *tapisserie* qui représente trois des principales circonstances de ce siège, et étoit jadis conservée à l'église Notre-Dame. M. le maire Ranfer de Bretenières l'a fait transporter dans la grande salle de l'hôtel-de-ville : c'est un monument très précieux.

Pag. 86 *init.* Le portrait de Louis de la Tremouille est gravé dans le recueil des *monumens de la monarchie française* : in-fol., tom. 4, pl. xlij. Il est bien aussi intéressant à connoître que celui du père Nicolas *Peltret*, capucin. (*suprà* pag. 75).

Pag. 90-93. Le sexe du *chevalier d'Eon* ne peut plus faire la matière d'un doute, et il est aujourd'hui parfaitement prouvé que ce personnage, mort le 21 mai 1810 en Angleterre, étoit vraiment *un homme*. Mais pourquoi l'a-t-on forcé de porter si long-temps des habits de femme ? Voilà la question vraiment intéressante qui reste à examiner.

Pag. 95 *init.* C'est précisément *par reconnoissance* qu'on avoit rappelé sur cette porte les belles actions du prince qui avoit contribué à la faire ériger ; et ce sont les convulsions de la *flatterie*, de l'*enthousiasme* et du *fanatisme* politique qui ont fait *tracer* depuis, tant d'autres écritures que le temps a bien vîte effacées. Celles de la *porte Condé* construite en 1786, et non pas en 1784, suivant vous, étoient aussi un acte de justice envers les magistrats municipaux d'alors, comme je vous l'expliquerai plus en détail dans un autre moment.

Au surplus, il y a encore bien des monumens de Dijon que *le burin n'a point tracés*. Vous aviez sans doute d'autres raisons pour ne joindre à votre livre, que la figure de celui-ci.

SECONDE PARTIE.

Pag. 97 *med.* Je crois qu'il seroit facile de prouver, contre l'assertion de Courtepée, que saint *Guillaume* fut le 47.e abbé de Saint-Benigne de Dijon.

Pag. 98 *medio.* Vous auriez dû, Monsieur, par reconnoissance pour toutes les notes que vous avez tirées de la *Bibliothèque des auteurs de Bourgogne*, qui composent, sans reproche, plus des trois quarts de votre livre, dire que l'abbé *Papillon* naquit en 1666, dans une maison de la rue Guillaume près de la Cloche-d'Or.

Pag. 100 *init.* Ceci demande un petit éclaircissement. On connoît trois personnes du nom de *Durey*, qui ont appartenu presque en même temps à notre ancienne académie : 1.º Le président Jacques - Bernard *Durey de Noinville*, bienfaiteur de celle des inscriptions et belles-lettres. Il étoit né à Dijon en 1683, et mourut à Paris le 20 juillet 1768. M. Lebeau secrétaire de l'académie des inscriptions, lut son *éloge* à l'une de ses séances publiques. 2.º Joseph *Durey, marquis du Terrail*, qui fonda en 1766 un prix à l'académie de Dijon, et mourut en 1770. Le docteur Maret prononça à la séance publique de cette académie, du 18 août 1771, *l'éloge du marquis du Terrail*; c'étoit le neveu de l'estimable président *Durey de Noinville*. 3.° Enfin M. *Durey de Noinville*, capitaine de cavalerie, fils du précédent, auquel il succéda dans la place de lieutenant général des ville et évêché de Verdun en Lorraine. l'académie de Dijon toujours reconnoissante du grand bienfait qu'elle devoit à son père, le reçut académicien honoraire le 2 juin 1769, et son nom existoit encore dans les listes de cette société, à l'époque de la révolution.

Pag. 107 *med.* Les savans partageront-ils l'opinion de l'abbé Lebeuf, qui, suivant vous, *a résolu le problême ?*

Pag. 108 *à la note.* Papillon ne cite que *cent soixante* articles des opuscules de l'abbé Lebeuf, qui tous sont extrêmement curieux. Celui où il est question de la reine Pédauque, n'est pas dans cette liste, parce qu'il ne parut que dans le *mercure* de décemcembre 1751, huit ou neuf ans après la publication de la bibliothèque des auteurs de Bourgogne.

Pag. 109 *fin.* Il n'y a plus de tombe d'*Othe Guillaume.* Il étoit inhumé dans le chapitre, et on avoit placé près de sa sépulture une inscription tumulaire en vers latins, que l'abbé Courtépée n'a pas rapportée, mais qui se trouve à la page 151 des *Annales de Bourgogne* par Paradin.

Pag. 114 *med.* La tombe d'*Etienne Tabourot* est dans le collatéral à droite, vis-à-vis la porte.

Pag. 122 *à la note.* Il falloit dire : depuis le tome 34, jusques et compris le tome 43, édit. in-4°.

Pag. 130 *init.* Vous auriez bien fait de parler d'un homme de lettres très recommandable, qui demeuroit dans la rue du Tillot, et y est mort en 1791. C'est l'abbé Melchior-Benigne-Marie *Cochet du Magny*, ancien chanoine de la Ste.-Chapelle et conseiller-clerc au parlement de Dijon, auteur du livre intitulé : *Annales du monde depuis le déluge jusqu'au gouvernement d'Othoniel, premier juge des Israélites*. Strasbourg, 1788, in-8.º, 682 pages.

Pag. 147 *init*. Jean de Cirey fut le 42.ᵉ abbé de Cîteaux ; celui à qui il succéda en 1476 se nommoit Imbert Martin, né à Saint-Jean-de-Lône. Les historiens de l'abbaye de Cîteaux ne disent pas que Jean de Cirey ait *long-temps habité* sa maison de Dijon.

Pag. id. fin. Jean de Cirey est mort le 24 janvier 1503.

Pag. 150 *init*. La maison du Refuge étoit destinée à recevoir les filles et les femmes qui s'y présentoient volontairement. J.-B. Gonthier étoit vicaire-général de Langres et prévôt de la Sainte-Chapelle. Son établissement fut approuvé par des lettres patentes du roi en date de 1655, enregistrées au parlement la même année.

Pag. 154 *init*. Cet intendant s'appeloit *Claude Bouchu*. Sa statue est un bel ouvrage de Jean Dubois. Il falloit dire qu'elle a été placée (en

1806) dans l'église de l'hospice Sainte-Anne, ci-devant les Bernardines.

Pag. 158 *med.* Vous auriez très bien fait de ne pas raconter une anecdote ridicule, qui ne le paroîtroit peut-être pas autant, si on voyoit un détail exact de cette conversation supposée.

Pag. 161 *medio.* Le monument de Crébillon n'a point été placé à Saint-Gervais. M. Lenoir (p. 304) raconte que le curé de cette paroisse s'y opposa, et que les matériaux ne furent pas employés; ils ont été placés au musée des monumens français.

Pag. id. Vous répétez deux ou trois fois que le portrait de Crébillon est *le chef-d'œuvre de Balechou*. D'après cela on pourroit croire que vous connoissez peu les ouvrages de cet excellent graveur. Son portrait de Crébillon est sans doute un fort beau morceau; mais ceux de dom Philippe, du roi de Pologne, de l'abbé Grillot, la Sainte Geneviève et les paysages d'après Vernet, méritent aussi bien le titre de *chef-d'œuvres*.

Pag. 167. *med.* Il falloit ajouter que les belles statues du président *Joly de Blaisy* et de l'intendant *Claude Bouchu* y furent aussi transportées ; la première, de l'église des cordeliers, et la seconde, de celle des carmes. Ces statues sont aujourd'hui l'un des principaux ornemens de l'église dont il est question.

Pag. 168 *fin.* Le portail *des carmelites* n'est point gravé sur le plan levé par Mikel : il paroît que vous avez confondu ce portail avec celui des dames Sainte-Marie, rue Porte-au-Fermerot.

Pag. 173 *init.* Quoique vous fassiez mention un peu plus loin de M. *d'Apchon* qui fut évêque de Dijon, puis archevêque d'Auch, et de M. *Bailly,* auteur du *tractatus de verâ religione,* etc., mort en 1808, vous auriez bien fait de citer ici ces deux respectables prêtres au nombre des chanoines et doyens distingués de la Chapelle-aux-Riches.

Pag. id. Les *éloges du chevalier*

de Méré et de *Jacques Daléchamps* sont de M. Michault; celui de *Montaigne* est du président Bouhier: l'abbé Joly l'a déclaré dans sa préface.

Pag. 174 *med. Pierre Quarré d'Aligny*, fils aîné de Gaspard, brigadier des armées du roi, méritoit que vous fissiez mention de lui. Il a laissé des *Mémoires historiques pour servir à l'histoire de Louis XIV, depuis l'année 1661 jusqu'à la paix de Riswick.* Ces mémoires ne sont pas imprimés.

Pag. 175 *med.* L'hôtel habité par le chancelier *Hugonnet* étoit l'ancien hôtel de Saillant.

Pag. 183 *fin.* Le *mausolée du président Legoux de la Berchère et celui de son épouse* n'en composoient pas deux; c'étoit le même mausolée.

Pag. 184 *init.* Ce fut en 1700 qu'on cessa de tenir aux cordeliers les assemblées d'ouverture et de clôture des Etats; mais les chambres des ordres s'y réunirent jusqu'en 1709.

Pag. 185 *init.* Écrivez *Lachère*.

Pag. 187 *fin.* Vous n'avez accordé

qu'un article bien court et sec à un savant tel que M. *Larcher*. Au lieu de citer *quelques traductions de Pope et d'Euripide*, il falloit parler des excellens *mémoires* répandus dans les recueils de l'académie des inscriptions, de la belle *dissertation sur les attributs de Vénus*, et des grands débats élevés entre notre illustre Dijonnais et M. de Voltaire, à l'occasion du *Supplément à la philosophie de l'histoire*, etc.

Pag. 188 *init.* La notice sur la vie de M. Larcher annonce qu'il mourut *le 22 décembre*.

Pag. id. med. M. Fournier a lu beaucoup de mémoires à l'académie de Dijon, notamment dans ses séances publiques; mais on ne connoît de lui que huit à dix mémoires imprimés. Vous pourriez avoir confondu ici les ouvrages du fils avec ceux du père; encore cela ne feroit pas votre compte.

Pag. id. fin. Vous auriez pu placer ici un petit mot sur *la croix Mansfeld*, que les vignerons appellent *Machefer*, placée hors du faubourg St.-Pierre, à l'entrée de la route de Seurre et de Saint-Jean-de-Lône. Cette croix rappelle l'expédition des Reistres commandés par Casimir, prince de Deux-Ponts, qui assiégèrent inutilement la ville de Dijon en 1576.

Pag. 189 *med.* L'hôtel de la Sénéchaussée passa à *Philippe Chabot, amiral de France,* sénéchal de Bourgogne et gouverneur de la province, qui y fit placer les emblêmes de sa charge. Il n'y a point eu de Léonor Chabot amiral de France; et c'est Léonor, fils de l'amiral, qui étoit commandant pour le roi en Bourgogne.

Pag. id. Ce fut Léonor Chabot, lieutenant général pour le roi depuis 1571, qui supercéda aux ordres du roi Charles IX.

Pag. 195 *init.* Il étoit fort inutile de répéter tous ces détails intérieurs dont M. Hérault de Séchelles a jugé à propos de faire le sujet d'une brochure, et que mille échos ont répétés après lui : tout cela ne serviroit qu'à jeter un peu de ridicule sur Buffon, si sa gloire n'étoit pas à l'abri de toutes les brochures qu'on pourra faire à son sujet. Les auteurs qui ne savent pas apprécier les beautés de l'*Histoire naturelle*, et qui veulent absolument dire quelque chose, se retranchent dans la robe de chambre rouge et les papillottes.

Pag. 196 *init.* Pour faire sentir le mérite de l'idée de M. de Buffon fils, il falloit dire que la colonne est placée au pied d'une très grande tour isolée, qui est le reste de l'ancien château de Montbard.

Pag. 199 *init.* On doit encore à M. de Migieu une collection d'antiquités américaines, un recueil de cornets, instrumens du moyen âge très singuliers, le tout gravé, et des recueils très volumineux restés à sa famille. Il avoit considérablement augmenté le riche cabinet de Savigny, qui après sa mort a été vendu et dispersé.

Pag. 202 *fin.* Il n'y a eu de pillé

que l'hôtel de M. Filzjean de Sainte-Colombe, conseiller au parlement, rue Chaudronnerie, et le moulin de l'Ouche. On a aussi brisé les fenêtres de la maison Potel, rue du grand Potet. Le 21 avril, M. d'Apchon publia un mandement au sujet de cette émeute; et trois semaines après, le même évêque, au lieu d'un repas qu'il devoit donner au prince de Condé et aux États, fit distribuer aux pauvres des paroisses une somme de 3000 livres; le prince donna 8000 liv., et le parlement nouvellement rétabli en donna autant.

Pag. 203 *fin.* M. d'Apchon fut nommé, le 18 février 1776, à l'archevêché d'Auch. S'étant excusé, le cardinal de la Roche-Aymon lui écrivit de nouveau le 28 du même mois, que le roi vouloit qu'il acceptât.

Pag. 204 *init.* Le trait de l'incendie imaginé par quelque faiseur d'anecdotes, et imprimé notamment dans une *Histoire de la république des lettres et arts en France*, année 1781, in-12, pag. 58, recueil très peu estimé, a été démenti par M. *Colas*, grand-vicaire de l'archevêque d'Auch. J'en ai la preuve écrite sous la date de mai 1788 : M. *Genret*, mépartiste de Notre-Dame de Dijon, qui avoit accompagné M. d'Apchon à Auch, et étoit avec lui à l'époque du prétendu incendie, a dit la même chose.

M. l'abbé Colas prononça à la séance publique de l'académie de Dijon, le 2 août 1784, en présence de M. le prince de Condé, l'éloge historique de messire Claude-Marc-Antoine d'Apchon, dans lequel il rapportoit plusieurs traits de l'éminente charité de ce prélat, qui employoit tout le revenu de ses bénéfices en bonnes œuvres.

Pag. id. Son portrait en grand est gravé par Vangelisty, d'après le tableau de Tischben.

Pag. id. fin. Permettez-moi de vous observer que vous avez défiguré l'article de Courtépée (*Description de Bourgogne*, tom. 2, pag. 262) ; cet article est du P. Delahaye, capucin de

Dijon, dont l'exactitude étoit connue. On y voit que Louis XIII avoit autorisé en 1611 un établissement d'instruction que Françoise de Xaintonge et Hélène Guelaud avoient fait d'abord près de Saint-Pierre, et ensuite sur Saint-Médard, au bas de la rue Saint-Etienne; que ces filles se retirèrent en 1614 dans une maison de la paroisse Saint-Michel, où Catherine de Montholon, veuve de Réné Lebeau, acheta un terrain pour y bâtir le couvent et l'église des ursulines; que cet établissement fut approuvé par le pape Paul V, en 1619, la construction du monastère finie en 1636, et l'église consacrée le 3 mai 1643.

Pag. 210 *med.* Le curé de Saint-Sulpice s'appeloit *Jean-Baptiste-Joseph Languet.*

Pag. 212 *fin.* L'archevêque de Sens se nommoit *Jean-Joseph.*

Pag. 213 *med.* Il est mort au mois de mars 1753.

Pag. 214 *med.* Il falloit dire que le portrait d'Hubert Languet, original du *Titien*, a passé du chevalier de Fontette à M. l'abbé Boullemier, et ensuite à ses héritiers.

Pag. 218 *fin*. Jacques de Frasans et Marie Desbarres sa femme, Huguette Briet, veuve de David Delaplanche, Michelle Desbarres, veuve de Pierre Boursaut, et la duchesse de Belgarde, ne sont pas les *fondateurs*, mais les premiers bienfaiteurs des minimes de Dijon. Si vous aviez pris la peine de lire le mémoire de l'abbé Chenevet sur le couvent des minimes, imprimé en 1780, vous y auriez vu que tout cela y est parfaitement expliqué.

Pag. 219 *init*. Louis Dony d'Attichi, évêque d'Autun, n'a rien de commun avec les minimes de Dijon. Il avoit été minime dans sa jeunesse, et voulut être inhumé aux minimes de *Beaune*. Au lieu de cet article tout-à-fait inutile, vous auriez mieux fait de dire quelque chose du père *Foucault*, membre des académies de Bologne, de Saint-Luc à Rome, de Lyon et *de Dijon*, mort en 1775, âgé de

56 ans. Ses travaux d'ornithologie sont connus dans toute l'Europe. Vous pouviez encore accorder quelques lignes à la célèbre *Notre-Dame de l'Etang*, visitée par le roi Louis XIV en 1650, et dont le P. Antoine de Joux, minime de Dijon, a publié une histoire en 1726. Il n'y a pas un Dijonnais qui ne connoisse et ne regrette l'agréable pélerinage de N.-D. de l'Etang.

Pag. 220 *med.* M. Lebeau a prononcé à la séance publique de l'académie royale des inscriptions, de Pâques 1761, l'*Eloge de Claude Sallier*, qui est imprimé au tome XXXI du recueil de cette académie, pag. 307 et suiv. On y voit que l'abbé Sallier naquit le 4 avril 1685 ; d'autres ont cru que ce fut en 1689 : vous avez adopté le sentiment des rédacteurs de l'ancien *Dictionnaire historique.*

Pag. 221 *init.* Il falloit citer aussi l'*Eloge de M. Mélot*, lu par le même secrétaire, M. Lebeau, à l'assemblée publique de l'académie royale des inscriptions, de Pâques 1760, et imprimé au tome xxix in-4.°, pag. 360 et suiv. de l'histoire de cette illustre société.

Pag. 222 *med.* Vous ne donnez qu'une idée très imparfaite des ouvrages de Jean Dubois, en ne désignant avec exactitude, ni les lieux où ils étoient jadis, ni ceux où ils ont été replacés.

Pag. 229 *init.* Vous auriez pu voir dans l'*Eloge de Jeannin*, par M^r. de Morveau, que ce grand homme avoit effectivement le projet de se retirer dans sa terre de Montjeu près d'Autun; mais que *quand il minutoit ce voyage*, il fut atteint d'une maladie aiguë qui l'enleva en peu de jours. Il mourut à Paris le 31 octobre (*pridie kalendas novembris*).

Pag. 232 *init.* La Monnoie de Dijon a été définitivement supprimée en 1774.

Pag. id. Vous avez omis de remarquer que le berceau de *Crébillon*, dont vous avez parlé si longuement à la page 154, étoit dans la *rue Chanoine*.

Pag. id. med. La famille *Baillet*,

originaire de Paray, a produit, depuis le xv.ᵉ siècle, beaucoup d'individus qui se sont alliés avec les maisons de Dijon les plus considérables dans la magistrature.

Pag. id. Vous ne dites rien ici du beau cabinet d'antiquités et autres objets précieux, formé par M. Jehannin de Chamblanc dans sa maison de la rue Chanoine. *V. ci-après, pag* 460.

Pag. 235 *fin.* On ne connoît que *Girard Griffon*, maire en 1319, 1320 et 1321, et *Guillaume Griffon*, maire en 1330 et 1331; ce dernier a peut-être été continué jusqu'en 1336. L'*almanach Frantin* ajoutoit un *Pierre Griffon* en 1360; mais il faut se défier de cette liste-là.

Pag. 236. Au lieu de parler de l'éruption de l'Etna, et de tant d'autres choses qui n'ont point de rapport avec la ville de Dijon, vous auriez mieux fait, ce me semble, de dire que les nouveaux murs de la ville furent achevés en 1362; que ce fut en 1367 que Philippe-le-Hardi fit commencer de construire la grande tour de son palais, etc.

Pag. 237 *medio.* L'histoire de M. *Junot* fils tient à celle du ci-devant *empereur Napoléon Buonaparte* dont il étoit une des créatures. La nouvelle de sa mort a été annoncée fort séchement dans les journaux.

Pag. 239 *med.* Cela est conforme au blason donné par Palliot dans son *armorial* et dans son *parlement de Bourgogne ;* cependant M. Pouffier, fondateur de l'académie ne blasonnoit pas de la même manière le vase de son écusson. L'autorité de Palliot suffit sans doute pour appuyer votre conjecture.

Pag. 240 *med.* M. *de la Tour-du-Pin* ne logeoit dans cet hôtel que parce qu'il étoit commandant en chef pour le roi en Bourgogne. Il avoit succédé en 1765 à MM. de Damas d'Anlezy et de la Guiche, successeurs du comte de Tavannes. M. de la Tour-du-Pin a péri victime de la révolution.

Pag. 242 *init.* La première lettre

de *Pourchas* ne doit pas être une majuscule ; *pourchas* signifie *poursuite*, *recherche* : c'est un petit article omis dans votre *errata*.

Pag. 244 *init.* Au lieu de dire que le maréchal de Saulx avoit *terni sa vie*, il suffisoit de déclarer qu'il s'étoit laissé emporter par un mouvement de fanatisme malheureusement trop commun dans ce temps-là. Au surplus, il eût été bon de raconter à votre voyageur, que ce maréchal avoit eu un très beau mausolée dans la Sainte-Chapelle à présent détruite. Il en existe un dessin dans la bibliothèque publique de Dijon.

Pag. 245 *fin.* Gaspard de Saulx avoit eu de Françoise de la Baume-Montrevel deux fils et deux filles.

Pag. 248 *med.* Le ministre des finances dont vous avez laissé les prénoms en blanc, s'appeloit *Marc-Antoine de Clugny*, baron de Nuis ; il avoit été conseiller au parlement de Dijon, puis maître des requêtes, intendant de Saint-Domingue et ensuite de Brest : il étoit né le 13 février 1741, et mourut contrôleur général au mois d'octobre 1776.

Pag. id. fin. Ce ne fut pas *Charles-le-Téméraire*, mais Philippe-le-Bon, duc de Bourgogne, qui envoya Ferry de Clugny, maître des requêtes de son hôtel, auprès du pape, en 1460.

Pag. 249 *init.* Ce Ferry de Clugny fut *chancelier*, et non pas *chevalier* de la Toison-d'Or, en 1476, ce qui étoit bien différent.

Pag. 251 *init.* Comme il est impossible qu'une église *détruite en 1636* ait été *reportée dans la ville en 1606*, il falloit dire tout simplement que l'église paroissiale du faubourg ayant été démolie en 1558, les habitans obtinrent la permission de réédifier, en 1585, une petite chapelle qu'il fallut détruire en 1636, avec une grande partie du faubourg, pour faire place aux fortifications, bastions, etc. qu'on construisit dans ce temps-là.

Pag. id. fin. L'article de Bayle sur *Jean Liébaut* est fort peu exact. Vous avez bien fait de profiter de celui de l'abbé Papillon. Il cite au n.° 4, *les trois livres de la santé et fécondité et maladies des femmes, etc.* Paris, 1582, in-8°. Le n.° 5 est son livre sur l'embellissement du corps humain, etc.

Pag. 252 *med.* Les sermons de l'abbé Clément ont été imprimés en 1770.

Pag. 253 *med.* Les *Bauldot* et les *Martin* méritent mieux la reconnoissance des Dijonnais que *Cirey* et *Millotet*. M. *de Montigny*, l'a méritée sous tous les rapports, notamment par sa fermeté dans des circonstances très orageuses et par son inépuisable bienfaisance dans tous les temps. A côté de cet homme estimable qui n'a exercé que pendant environ deux années la place de Maire, à laquelle il avoit été appelé par le peuple au mois de janvier 1790, il eût été juste de citer son prédécesseur M. *Moussier*, qui, pendant les cinq années de sa magistrature, a mis dans un ordre parfait la comptabilité de la commune, perfectionné les dispositions pour le travail du pavé de la ville, élargi la rue Musette, réparé la grille et le pont d'Ouche sans aucuns frais à la charge de la commune : il a fait acquérir un jardin pour élargir une rue très étroite, dont on a fait la place qui a porté le nom du maire : il a sollicité et obtenu la rentrée de plusieurs sommes qui ont servi aux dépenses de construction de la porte Condé, etc.

Pag. 256 *med.* L'abbé Papillon dit seulement que *Claude de Touf* (*del Tufo*) *baron de Syrot,* vit le jour dans ce lieu de Bourgogne, *selon toutes les apparences*. Il eût mieux valu, puisque vous vouliez désigner un militaire, copier le nom de celui-ci d'après l'épitaphe vue par Philibert de la Mare, que d'après la bibliothèque historique de la France, dont l'article n'a vraisemblablement pas été retenu avec exactitude.

Pag. 260 *init.* Son oncle *Jean-Baptiste Pouffier,* mort doyen du parlement en 1679, et son père *Claude Pouffier,* mort doyen de la chambre des comptes : voilà tout.

Pag. 263 *init.* M. Coquart est mort *le 21 août 1781.*

Pag. 265 *fin.* Au lieu de dire sur l'amiral Chabot tant de choses qui se trouvent dans les moindres biographies, il suffisoit de raconter que le bel hôtel occupé actuellement par la préfecture, avoit appartenu aux ancêtres des Chabot, sans doute avant qu'ils possédassent celui de la sénéchaussée ; que cet hôtel passa ensuite aux présidens Giroud, dont le dernier eut la tête tranchée le 8 mai 1643, puis aux Clermont-Tonnerre, et enfin par mariage à un président Lecompasseur de Courtivron ; que le chevalier Bouhier de Pouilly l'acheta, et y fit construire l'hôtel que son fils M. Bouhier de Lantenay a vendu en 1785 ou 1786 pour y placer l'intendance de Bourgogne.

Pag. 268 *med.* Ce fut Léonor Chabot, comte de Charni, grand écuyer de France, qui fit ériger le mausolée de son père aux Célestins de Paris : c'est le sentiment de M. Lenoir, conservateur du Musée des monumens français, où est actuellement la statue couchée de l'amiral Chabot. *Voyez Description, etc.*, in-8.°, pag. 192.

Pag. 272 *med*. Le mausolée de Philippe Pot n'a été replacé dans le jardin de M. Richard de Vesvrotte, à Dijon, que très long-temps après la destruction de l'église de Cîteaux. Les figures avoient d'abord été achetées par M. Pasquier de Messange, et sont restées dans sa maison, rue Madeleine, jusqu'à l'année 1810.

Pag. 275 *med*. Vous observez qu'*il n'est aucun motif qui puisse jamais autoriser à porter les armes contre sa patrie :* c'est une maxime très patriotique. Cependant s'il étoit démontré que la patrie est opprimée par une tyrannie illégitime, et qu'il n'existe qu'un seul moyen de la délivrer : que faudroit-il faire dans ce cas ? C'est une question que je soumets à vos lumières.

Pag. 284 *med. Mussy-l'Evêque* n'est point en *Bourgogne*, mais en *Champagne*. C'est apparemment par cette raison-là que Papillon n'a pas cité Boursault dans sa *Bibliothéque des auteurs de Bourgogne*. Sa patrie ne se trouve pas même dans le département de *la Côte-d'Or* : il y a une faute à ce sujet dans la nouvelle Biographie. Au reste, quelques personnes ont cru que Boursault étoit né à Avalon.

Pag. 285 *med.* Les Bénédictins disent seulement que la mère de Saint Bernard *savoit les lettres* (*Hist. litt.* tom. ix, pag. 132), c'est-à-dire qu'elle savoit lire, et c'étoit remarquable dans ce temps-là.

Pag. 293 *med.* Puisque vous reconnoissiez que ce conte est *absurde*, il ne falloit pas le répéter.

Pag. 295 *med.* Le buste de François-Claude Jehannin est à la bibliothèque publique de Dijon. On a replacé depuis peu un plâtre sur son mausolée dans l'église St.-Michel.

Pag. 296 *init.* Comme feu M. Antoine l'aîné, notre compatriote, a gravé plusieurs portraits, il falloit, pour éviter une équivoque qui a été faite par quelques personnes, dire que celui de Guillaume Raviot a été gravé par Sébastien Antoine de Nancy, d'après le tableau peint par Revel en 1707. Raviot avoit alors 40 ans.

Pag. id. med. Jacques Fevret étoit conseiller au parlement de Dijon.

Charles Fevret épousa en 1608 Anne Brunet, et en eut dix-neuf enfans.

Pag. 299 *med.* Vous avez été mal instruit sur la généalogie de M. de Fontette ; la voici :

Charles Fevret, II.ᵉ du nom.
|
Antoine Fevret.
|
Charles Fevret, III.ᵉ du nom.
|
Jacques Fevret, III.ᵉ du nom. Sa femme se nommoit Barbe-Charlotte de Migieu.
|
Charles-Marie Fevret de Fontette.

Pag. id. fin. Il est mort le *16 février 1772.*

Pag. id. med. Ce n'est pas M. de Fontette qui est *auteur* de la nouvelle édition de la *Bibliothéque historique.* Il n'a été que l'éditeur des trois premiers volumes : cela est expliqué dans l'*Eloge de M. Boullemier.*

L'*Eloge de M. de Fontette*, par M. *Perret,* est imprimé à la tête du 4.ᵉ volume de la *Bibliothèque historique,* avec celui que M. *Dupuy* lut à l'académie royale des inscriptions, à la séance de Pâques 1773.

Pag. 300 *med.* M. *de Brosses* avoit fait bien d'autres ouvrages très importans que vous ne citez pas. Vous auriez dû au moins renvoyer votre voyageur à l'éloge lu par le secrétaire de l'académie royale des inscriptions, séance publique de Pâques 1778, et imprimé au tome XLII.ᵉ, pag. 170-189 de l'Histoire de cette académie.

Pag. 301 *init.* Le portrait n'a été que *dessiné* par Cochin (*delin.*).

Pag. id. fin. Je n'ai jamais vu aux

Capucins de tableau représentant *le couronnement d'épines*. Vous ne parlez pas du grand tableau de l'Annonciation, par Quentin, qui étoit à la Sainte-Chapelle, et a été restauré par M. Devosge; vous auriez dû dire ce qu'il est devenu.

Pag. 302 *init*. Il falloit écrire en toutes lettres : *la communion de Ste. Catherine de Sienne.*

Pag. 303 *med*. Pierre Odebert avoit son *épitaphe* à St.-Etienne ; mais son *mausolée* étoit dans l'ancien hospice Sainte-Anne, rue St.-Philibert.

Pag. id. fin. Le *Traité de l'indult* étoit d'abord en 2 vol. in-12, 1703 : la nouvelle édition a 3 vol. in-8.°, 1747.

Pag. 304 *med*. Pardonnez-moi : on y remarquoit le portail décoré sous le duc Jean, plusieurs sculptures de Dubois, des tableaux dont un de Quentin, des tombes singulières, etc. etc.

Pag. id. fin. Le cœur et les entrailles de Charlotte de Longueville furent déposés dans l'ancienne chapelle des Jacobins, à gauche en entrant; mais elle n'y fut pas *inhumée* ; et rien ne prouve que la figure que l'on a vue longtemps mutilée, qui étoit là sous une arcade, fût la sienne.

Pag. 306 *med*. La porte de l'hôtel Chambellan, qui est dans la rue Musette, est moderne ; elle a été ouverte depuis l'élargissement de cette rue.

Pag. 307 *init*. L'escalier dont il s'agit est dans une tour au fond de la cour d'une maison rue des Forges, qui faisoit peut-être partie de l'*hôtel d'Angleterre*, fort loin de l'*hôtel Chambellan*.

Pag. id. med. Marie Chambellan ne fut peut-être pas *la dernière héritière* de cette maison; car Guillaume II, son frère, conseiller au parlement, eut un fils appelé Nicolas, qui mourut sans postérité.

Pag. 308 *med*. Pourquoi indiquer des livres qui ne sont à la portée que d'un très petit nombre de lecteurs ? Le portail de N.-D. est gravé dans les cartouches du dernier grand plan de Dijon.

Pag. 312 *fin.* Pourquoi ne pas citer *Joseph Gaudrillet*, mépartiste, mort le 15 janvier 1738, auteur de plusieurs ouvrages, entre autres de l'*Histoire de Notre-Dame de bon Espoir?*

Pag. 313 *med. Etienne Tabourot* inhumé dans l'église Saint-Bénigne, étoit né dans la maison de la rue de la Chouette, occupée depuis par le curé de Notre-Dame.

Pag. 314 *med.* L'occupation d'une des ailes du Palais des États par le Tribunal de commerce n'est qu'une affaire momentanée, puisqu'on payoit pour cela un prix de location au titulaire de la sénatorerie.

Pag. id. Vous auriez dû dire que dans le prolongement de la place Notre-Dame, à côté de la Cour des Prêtres, étoit la maison des abbés *Chenevet*. L'un d'eux, *André Chenevet*, mort en 1783, âgé de 68 ans, mérite d'être cité honorablement dans le nombre des historiens de Dijon. Il avoit préparé une *Histoire politique, civile et religieuse de la ville de Dijon*, dont les matériaux ont passé à la Bibliothéque du Roi. Il existe une collection de notes historiques qu'il a recueillies avec beaucoup de discernement. C'est ce savant Dijonnais qui a donné à l'imprimeur Frantin les excellens *Mémoires historiques* insérés dans les *almanachs* de la ville de Dijon, depuis 1770 jusqu'à l'année 1782. L'autorité de l'abbé Chenevet est très respectable, quoiqu'il ait été relevé quelquefois avec raison. Mais cela n'empêche pas qu'on ne doive le considérer comme un de nos meilleurs historiens.

Pag. 320 *init.* C'est *en 1564* que les lieux publics de prostitution furent défendus tout-à-fait. (Délibération de la chambre de ville).

Pag. id. med. Il falloit dire : *dans le XIII.ᵉ siècle;* car Guillaume de Champlitte, prince d'Achaie, vicomte de Dijon, se croisa en 1202 et mourut en 1210. Au reste je n'ai trouvé dans aucun recueil la preuve qu'il existât un *hôtel de Pontailler* dans la rue des Champs.

Pag. 321 *fin.* L'abbé Papillon pensoit que Jean Godran, avocat, dont vous parlez à la page suivante, étoit de la même famille que les Godran fondateurs du Collége. J'ai de fortes raisons d'en douter.

Pag. 322 *init.* Vous auriez dû ajouter que l'histoire des chevaliers de la Toison d'Or, par Jean Godran, est restée en manuscrit orné de peintures représentant les écussons qui étoient dans le chœur de la Sainte-Chapelle de Dijon ; et que ce manuscrit, en partie autographe, existe dans la Bibliothéque publique de la même ville. Au reste Jean Godran a fait encore d'autres ouvrages qui n'ont pas été imprimés, notamment *Index alphabeticus perlucidam litterarum singularium antiquarum explorationem continens,* etc., *in-fol.*

Pag. 324 *med.* Le second volume des *Usages de Bresse* n'a paru qu'en *1782.* L'Eloge de M. Bullier est dans l'avertissement mis à la tête du premier volume. Ce célèbre avocat est mort le 10 mars 1770.

Pag. 326. Tout sera dit sur la ville de Dijon. (Variante).

TROISIÈME PARTIE.

Pag. 327. Qu'est-ce que cette *porte prétorienne*, au *levant*, qui *conduisoit à la tente du général?* Nos historiens n'en disent pas un mot.

Pag. 328, 329, 330, 331, 332, 333, 334, 335. Tout ce que vous dites dans ces huit pages, pour arriver à *Sarragosse* et à *Moskou*, est très savant sans doute : mais c'est la paraphrase d'un système qui n'est plus guères soutenable. Au surplus, c'est un article important sur lequel j'aurai occasion de revenir.

Pag. 342 *med.* On liroit ici avec intérêt les inscriptions placées en 1747 sur le piédestal.

Pag. 343 *med.* Le palais des ducs a été incendié *le 10 février 1473, le 12 février 1502*, etc.

Pag. id. et 344. Tous ces détails et

quelques autres du même genre répandus dans votre livre, ne sont plus de saison (1814), c'est bon pour l'histoire, mais non pas pour une description.

Pag. 344 *med.* Il eût été juste de nommer ici l'estimable archiviste *M. Coindé*, qui a conservé ce précieux établissement malgré les dégoûts qu'on ne lui épargne guère, les fatigues qu'il éprouve souvent et les dépenses dont l'autorité dédaigne quelquefois de lui faire tenir compte.

Pag. id. fin. L'aile droite du Palais des Etats n'a été commencée qu'en 1776.

Pag. 348 *med.* Les Etats de 1650 ont été tenus par le duc de Vendôme, fils naturel d'Henri IV, qui étoit alors gouverneur de Bourgogne.

La chambre du clergé n'avoit point *pour chef* l'évêque d'Autun.

Pag. 351 *med.* Le maire de Dijon étoit élu perpétuel. Vous faites ici parmi les élus du tiers-état un singulier choix. Ce Guillaume Royhier passoit pour un furieux ligueur. Le conseiller Breunot le regardoit comme tel. Il est cité dans cet article de la *Bibliothéque des Auteurs de Bourgogne*. Royhier n'a pas *traduit Homère*, mais seulement la Batrachomyomachie, petit poème attribué à Homère, dont l'abbé Gouget parle fort au long dans sa *Bibliothéque française*, tom. 4, pag. 43 et suiv.

Pag. 355 *med*. La nouvelle façade a été gravée, en 1784, par les frères Varin, sur le dessin de M. Lejolivet.

Pag. 356 *fin*. L'hospice Saint-Fiacre étoit une infirmerie pour les enfans de chœur de la Sainte-Chapelle. Leur maison d'institution joignoit le cloître de cette dernière église, et avoit son entrée dans la rue du Cloître, aujourd'hui rue Lamonnoye.

Pag. 362. Il falloit dire que l'*Eloge du maréchal de Vauban* se trouve parmi ceux de Fontenelle et ailleurs. Il étoit naturel de citer en particulier celui que M. Carnot a composé en 1784 et qui a été couronné par l'académie de Dijon. Il est imprimé *in-8.°* L'académie française, l'année suivante, proposa le même éloge pour le sujet d'un de ses prix de 1787. Ce prix, remis trois fois, a enfin été adjugé en 1790 à M. Noël, professeur au collége de Louis le Grand.

Pag. 364 *fin.* Le président Bouhier n'avoit pas traduit le poëme de *Pétrone* ni les *Tusculanes de Cicéron*, lorsqu'il a été reçu à l'académie française.

Ses *Dissertations sur Hérodote* ne furent imprimées que peu de temps avant la mort de l'auteur.

Pag. 368 *init.* Voltaire, reçu à l'académie française à la place du président Bouhier, ne dit que deux mots de son prédécesseur. M. l'abbé d'Olivet, directeur, en parla bien davantage et bien mieux dans la même séance. Vous auriez dû citer l'Eloge composé en latin par le père Oudin, jésuite: *Commentarius de vitâ et scriptis Johannis Buherii. in-*4.° Celui que M. de Morveau a inséré au tome 2.ᵉ de ses *Discours publics et Éloges*, avoit été prononcé par cet avocat général à l'audience de rentrée du parlement Maupou, du 12 novembre 1772 : dans ce morceau, l'année de la mort du président Bouhier est marquée *1745*; c'est une faute d'impression : il faut *1746*.

Pag. 372 *init.* Jacques Delaguesle ne fut pas le *successeur* de son père au parlement de Dijon : ce fut Denis Brulard, baron de Sombernon et de la Borde.

Pag. 374 *init.* Pierre Dumay n'a imité de l'Enéide que le premier livre et une partie du second. Il ne faut pas dire que cette *traduction* est *fidelle*, parce que cela feroit soupçonner que vous ne l'avez pas vue.

Vous ne connoissez peut-être pas non plus un beau médaillon de deux pouces et demi de diamètre qui offre le portrait de ce spirituel magistrat.

Pag. id. fin. Ce que vous dites de MM. Lantin, n'est point clair. *Bénigne* et *Pierre* étoient encore deux fils de

Jean-Baptiste Lantin, mais ils moururent avant lui.

Pag. 376 *med.* Voici à quoi se réduisent ces prétendus *Éloges des Basnage, des Nicaise :* Basnage, journaliste, a inséré dans son mois de février 1696, un extrait de l'Éloge fait par l'abbé *Nicaise,* qui remplit en tout *une page.* Vous auriez mieux fait de citer celui qui a été inséré dans le *Journal des Savans,* d'avril 1695, pag. 300 à 305 du tome 23, édit. *in-12.* Ce morceau est de M. Legouz, conseiller au parlement de Dijon. On y dit que M. Lantin naquit en *1619 :* c'est une faute.

Pag. id. M. Lantin de Damerey n'étoit pas doyen du parlement : il n'étoit pas même conseiller. Vous avez été induit en erreur ici par la *Bibliothéque des Auteurs de Bourgogne.* Il mourut le 21 septembre 1756.

Pag. 377, *lig.* 3, lisez : *Martinécourt.*

Pag. 378 *med.* M. Maret a dit que Rameau se rendit à Paris *en 1721.*

Pag. 380 *med.* M. Maret a cité trois

Éloges de Rameau, sans compter le sien. Il y a bien d'autres *portraits*.

Pag. 381. *Note*. Il est bien singulier que vous n'ayez consacré qu'une petite *note* à l'ordre de la Toison d'or, jadis si fameux en Bourgogne et surtout à Dijon. Vous saviez qu'il en reste des monumens qu'on revoit toujours avec intérêt. Vous auriez pu montrer à votre voyageur les peintures faites d'après les écussons qui étoient à la Sainte-Chapelle : elles sont dans un manuscrit relatif à l'ordre de la Toison d'or, conservé dans la Bibliothèque publique. Vous auriez pu lui rappeler la belle miniature qui représente un des derniers chapitres de cet ordre, tenu avant 1473, gravée et expliquée dans le *Magasin Encyclop*. de 1810, tom. 2, pag. 81. Vous auriez mieux fait de placer ici la petite notice de Jean Godran, avocat, qui a laissé de bons *Mémoires historiques* sur l'ordre de la Toison d'or, dont tous les bibliographes ont fait mention, et qui mériteroient fort d'être imprimés : enfin il n'étoit pas inutile non plus de rappeler les Mémoires qui ont paru depuis peu sur la même matière, et de dire un mot sur les précautions prises dans le Brabant pour empêcher la destruction des monumens relatifs au même ordre.

Pag. 382 *fin.* Palliot dit bien que le président Nicole de Montholon fut inhumé devant la chapelle de la Ste-Hostie ; il donne même son épitaphe. Mais il ne dit pas qu'il y eût un mausolée en marbre : et quant à moi, je n'en ai jamais vu. Au lieu de cela, vous auriez mieux fait de parler du beau mausolée de Gaspard de Saulx, dont le dessin est à la Bibliothéque publique. N'auriez-vous pas, entre nous, pris l'un pour l'autre ?

Pag. 383 *fin. Singulos canonicos in signum fraternitatis in osculo sancto recipiat.* (Titre de l'an 1172). Il n'y a pas le petit mot pour rire dans cette formule.

Pag. 395 *init.* Le roi René ne mourut pas à la procession.

Pag. id. fin. Le portrait de René d'Anjou est dans le *Voyage Millin*, planche XXXII, n.° 1, et dans les *Mémoires de Comines*, édit. de 1723, tom. 1, pag 278. Il y a une grande différence entre ces deux portraits. Le premier, fait d'après un médaillon conservé à Aix, paroît plus exact.

Pag. id. fin. Les auteurs disent que l'ancien hôtel de l'abbaye de Saint-Vivant, à Dijon, étoit dans la rue Chanoine. Le Mémoire de l'abbé Chenevet n'en parle pas.

Pag. 397 *med.* Il faut écrire *Rolin*.

Pag. 398 *med.* Il ne falloit pas souligner cette conversation prétendue, parce que ce ne sont très certainement pas les termes dont le duc et le chancelier se sont servis.

Pag. 401 *med.* François I.er vint à Dijon en 1521. Bénigne de Cirey avoit été maire pendant huit ans. Il le fut encore, après l'entrée du roi, pendant trois ans selon les uns, et quatre ans suivant les autres; et mourut en 1529.

Pag. id. fin. C'est en 1589 qu'Etienne

Bernard fut député aux états de Blois.

Pag. 403 *fin.* La seconde magistrature de M. A. Millotet fut *en 1653.* Le maire de 1652 étoit François Maltête.

Pag. 407 *med.* L'église Saint-Médard a été démolie *en 1680.* Vous auriez dû transcrire l'inscription qui fut placée à ce sujet, et qui est encore dans le même lieu. Elle est de M. de la Monnoye et fort courte ; c'est un monument qu'on ne peut lire qu'avec peine, parce qu'il est posé très haut.

Pag. 409 *fin.* On diroit que vous n'avez pas vu le livre d'Hugues Sambin, et que vous pensez qu'il est question *De verbis in architecturâ usitatis.* Un T majuscule au mot *termes*, auroit fait cesser l'équivoque, en montrant qu'il s'agit de l'espèce de statues qui se terminent communément en gaines par le bas, dont notre Dijonnais a publié trente-six figures très agréablement dessinées et gravées en bois.

Pag. 410 *med.* Le nombre des Discours de l'abbé Richard n'est-il pas un peu exagéré ?

Pag. 411 *init.* Il y a bien d'autres familles qui avoient leurs sépultures dans l'église Saint-Michel : Martin, Laverne, Cirey, Bernard de Sassenay, Jacob, etc. Pourquoi ne pas citer les mausolées richement décorés ? celui du premier président de Brosse, celui des Fyot de la Marche, etc.

Pourquoi ne rien dire de la belle Vierge attribuée à Claux-Sluter, de l'enfer de la chapelle Jacob, qui n'existe plus, du beau tableau de Nanini, représentant le martyre de Saint Jacques, qui est toujours dans la même place, etc. ?

Pag. 413 *med.* Le quartier-général de la 18.e division militaire n'a-t-il pas été changé ?

Pag. 414 *init.* Ecrivez *Hilaire-Bernard Derqueleyne*, etc.

Pag. 416, *note* 2. Journal de Physique, juin 1773, si je ne me trompe.

Pag. 420 *init.* M. Nardot, curé de Saint-Pierre.

Pag. id. fin. Cet antiquaire signoit : J. Lemenestrier.

Pag. 421 *med.* Suivant Papillon, le

livre de Cl. Menestrier n'a été *publié* qu'après la mort de l'auteur, par les soins de Frédéric Ubaldini.

Pag. 426 *init*. Il falloit écrire *Soirot*.

La vie de Bénigne Joly par Antoine Beaugendre, n'est pas un *abrégé* ; c'est un bon volume in-8.º de 428 pages, imprimé en 1700. D. Maillard avoit publié l'*Oraison funèbre* de M. Joly en 1695, *in*-4.º

Pag. id. Il faut dire : Jean Vallot, trésorier de l'église Saint-Etienne, etc.

Pag. 427 *med*. On a cru Balbatre né à S.ᵗ-Jean-de-Losne ; c'étoit une erreur.

Pag. 435 *med*. Jacques Varenne n'étoit pas fils de *Claude*, mais de *François Varenne*, procureur à Semur.

Pag. 436 *med*. M. Varenne fut fait chevalier de l'ordre de Saint-Michel vers la fin de l'année *1762*. Il donna à la fin de 1763 sa démission de la place de secrétaire en chef des Etats, qui fut supprimée, et obtint, par forme de dédommagement, au mois de septembre de la même année, l'office de receveur général des finances en Bretagne.

C'est M. *Varenne de Béost*, l'un des fils de Jacques Varenne, qui a contribué à la traduction des *Ruines de Paestum*, (1769 *in-fol.*), dont le principal éditeur étoit M. *Dumont*. M. de Béost avoit fait son travail avec le secours des notes et mesures que M. Antoine l'aîné lui avoit fournies.

Pag. 439 *fin.* J'ai toujours oui dire qu'il faut *rattacher cette dénomination* à des figures grotesques de singes dont l'une existe encore au-dessus d'un puits à gauche de l'entrée d'une cour.

Pag. 440 *med.* François Baudot avoit été élu maire en 1690. Il le fut encore et exerça la magistrature de 1694 à 1703.

Pag. id. fin. Il falloit écrire : *dans l'une desquelles*, etc. C'est celle qui concerne Autun, et est adressée à M. Taisand. L'autre adressée à M. Derqueleyne, a pour objet les antiquités de Dijon. Au surplus ce n'est pas un *Opuscule;* c'est un livre de 127 pages, orné de beaucoup de gravures.

Pag. 441 *med.* Le système de Jean

Richard, sur le prétendu temple de la Fortune, n'est nullement prouvé : il y a beaucoup de choses à répondre à sa petite dissertation.

Pag. 442 *med.* Il faut espérer que l'*École des beaux arts* ne restera pas toujours dans ce local ; car on ne pouvoit pas en imaginer un plus mauvais, plus incommode, etc.

Pag. 451 *init.* Le père Oudin n'a point fait de *Recherches sur Hérodote.* Vous avez voulu parler sans doute de celles du président Bouhier dont ce père procura l'édition en 1746, et non pas en *1749*.

Pag. id. Il étoit plus exact de dire que les étymologies celtiques du P. Oudin se trouvent parmi les *œuvres posthumes de l'abbé Gedoyn*, 1745, et dans la nouvelle édition du dictionnaire étymologique de Ménage.

Pag. id. med. Vous auriez pu dire un mot de *Jean Patouillet*, savant homme, dont M. Delamare avoit écrit la vie.

Pag. 453 *à la note.* **Béguillet** fut

l'un des éditeurs ou plutôt des rédacteurs du texte du grand *Voyage pittoresque de la France*.

Pag. 456 *fin.* Pourquoi ne pas citer l'abbé *Bertrand*, professeur de physique et membre de l'académie, qui fut l'un des astronomes de l'expédition de M. d'Entrecasteaux envoyé à la recherche de M. de la Peyrouse, et périt en 1792 au Cap de Bonne-Espérance ? On a de lui plusieurs ouvrages imprimés.

Pag. 460 *init.* Quand M. Boullemier a vendu une petite partie de sa bibliothéque, (les manuscrits et les recueils de pièces en brochures), il ne s'en est point *réservé l'usage.* Il a seulement réservé que ses ouvrages manuscrits ne seroient pas imprimés de son vivant.

Pag. id. med. M. Jean-Baptiste-François *Jehannin de Chamblanc* n'étoit point *président* : il avoit été conseiller au parlement à la place de son père, depuis 1741 : mais n'ayant point d'enfans, il avoit vendu sa charge, en 1761, à M. de Beuverand, pour se livrer entièrement à la composition de son superbe cabinet. On a vu dans le monde plusieurs petites poésies très agréables de M. de Chamblanc. Il est mort en pays étranger, le . . .

Pag. 469 *init*. Joigny n'est pas en *Bourgogne* : il est en Champagne.

Pag. 477 *med. Pierre Taisand* publia entre autres ouvrages l'*Histoire du Droit romain*. Paris, 1678, *in-12*. etc.

Son fils, *Claude Taisand*, religieux de Cîteaux, fit paroître *la vie* de son père, peu après sa mort, en 16 pag. *in-4*.° avec son épitaphe.

Pag. 481 *med*. L'acte de cession de la vicomté fut fait en *1282*, et renouvelé en *1284*.

Pag. id. fin. Ce ne fut pas l'hôtel de la vicomté qui fut acquis par Henri III. Cet hôtel est occupé en partie par la commanderie de la Madeleine. Le roi fit acheter, en 1586, un autre hôtel qui appartenoit aussi à la maison de Pontailler, et dépendoit de la vicomté, mais qui étoit situé plus près du château des ducs.

Pag. 482 *med.* Jean Bonnost ou Bonost, acquéreur d'une partie de l'hôtel de la vicomté, n'étoit pas vicomte ; il n'y en avoit plus dans ce temps-là ; il avoit été conseiller maître des comptes du duc Jean à Besançon, et il est mentionné en cette qualité dans un compte de 1408. L'abbé Chenevet a dit, dans son Mémoire, que Jean Bonost étoit maître des comptes du duc Philippe le Bon ; mais il se trompe : du moins on ne le trouve pas dans l'état des officiers de ce duc, imprimé en 1729. Palliot le nomme *Richard* Bonost, et le fait conseiller du duc Philippe le Hardi, aux parlemens de Beaune et de Saint-Laurent, de 1370 à 1384. Je crois que c'est une erreur. Il est très certain que le titre d'acquisition le nomme Jean Bonost.

Pag. 483 *init.* Ce n'étoit pas une des portes principales de l'ancien *Castrum*. C'étoit une porte de dégagement que les chanoines de Saint-Etienne obtinrent la permission d'ouvrir, en 1178, pour leur usage. En disant *l'une des portes* sans aucune autre désignation, vous donnez à penser que celle-ci étoit une des quatre portes pratiquées originairement dans les anciens murs, et cela n'est pas vrai.

La rue Portelle a été élargie en 1757.

Pag. 500 *fin.* Le salon de l'hôtel de Grammont a été décoré sur des dessins donnés par le cavalier Bernin, lors de son passage à Dijon en 1665, à MM. Despringles, qui étoient alors propriétaires de cet hôtel. L'escalier a été fait aussi sur un plan du même artiste.

Vous ne dites rien des bas-reliefs qui décorent le salon, et ont été faits par M. Boichot en 1775.

Pag. 503 *fin.* L'abbé Leblanc n'a point fait de *Dialogues*, mais des *Lettres d'un Français*, qui ont paru en 1745, et ont été de nouveau annoncées en 1751, comme *nouvelle édition*, sous le titre suivant : *Lettres de M. l'abbé Leblanc, historiographe des bâtimens du Roi.* Amsterdam, 3 vol *in*-8.º

Après *Abenzaïd,* mettez la date de 1734.

Pag. 505 *med.* M. de Morveau dit que M. Michault mourut au mois de *septembre.*

Quelques Dijonnais auroient peut-être été bien aises d'apprendre que M. Michault préparoit une *nouvelle description du duché de Bourgogne,* dont il avoit publié le *Prospectus,* et pour laquelle il avoit amassé beaucoup de matériaux.

Pag. 506 *med.* Pourquoi ne pas dire que ce seigneur étoit *M. Jacques-Philippe Fyot comte de Dracy,* etc., qui mourut très regretté, en 1774. La fondation faite en 1768, avoit commencé d'avoir son exécution en 1769. Il ne paroît pas que M. Picardet y ait eu part, sinon pour assister à la distribution de la médaille d'argent.

Pag. 507 *init.* Il a existé deux frères *Poissonnier,* tous deux très connus à Dijon, leur patrie, et dont il semble que vous n'avez fait qu'une seule personne.

Les détails biographiques du commencement de votre article paroissent concerner *Pierre Poissonnier*, fils aîné d'un apothicaire de Dijon, qui fit nommer Marie-Catherine Martinon, nourrice du duc de Bourgogne en 1751; puis il l'épousa. Ce fut la cause de sa grande fortune. Son portrait a été effectivement gravé en 1774 par Guill.-Phil. Benoît, d'après le tableau fait en 1755 par Peronneau. M. Poissonnier avoit alors trente-cinq ans. Il en avoit soixante-trois, lorsque son fils, Louis-Joseph Poissonnier de Pruslay, fut reçu avocat général au parlement de Dijon, au mois de mars 1783, à la place de M. Guiton de Morveau.

M. *Poissonnier des Perrières*, étoit frère du précédent. C'est à lui que le public doit une partie des ouvrages de médecine dont le dénombrement est rapporté ici, où vous ne faites connoître ni l'époque de la naissance de ce médecin, ni la date de sa mort. Vous auriez pu trouver quelque chose là dessus dans les régistres de l'académie de Dijon, où M. des Perrières avoit été reçu en 1771, dans les procès-verbaux de la société royale de médecine, et dans tous les recueils de nouvelle biographie.

Pag. 509 *init*. Les *Lettres sur l'Esprit de Patriotisme*, ont été annoncées dans les catalogues, comme traduites de l'anglais.

M. le comte de Bissy est mort dans son château de Pierre le 26 septembre 1810, à cinq heures du matin.

Pag. 510 *fin*. M. Pasumot étoit né le 30 avril 1733.

On lui doit plus de quarante-six à cinquante pièces, lettres ou mémoires historiques publiés, soit séparément, soit dans divers recueils, sans compter plusieurs Mémoires qui n'ont paru qu'après sa mort.

Pag. 511 *init*. Je ne connois point les *biographies* dans lesquelles il est possible de trouver la mention des mémoires historiques publiés par M. Pasumot. Ce ne peut être que dans des recueils de ce genre, publiés depuis 1804; encore il ne faut pas compter celle des frères Michaux, qui n'est qu'à la lettre D; où sont donc les autres?

Pag. id. Au lieu d'annoncer ces derniers ouvrages tout-à-fait étrangers aux recherches ordinaires de M. Pasumot, il falloit citer la *notice biographique* sur ce savant ingénieur, insérée par M. Grivaud, à la tête du recueil de ses *Dissertations et mémoires*. Paris, 1810 à 1813, *in*-8.°

Pag. 512, à la fin de l'article *de la Lande*, ajoutez : par Bonneville et autres.

Vous avez sans doute jugé inutile de dire qu'en 1787 il a été gravé une *médaille,* portant d'un côté le buste de M. de la Lande, et de l'autre la nomenclature de ses titres académiques. Cette médaille faite par M. Gatteaux, est dans la collection de celles de l'académie de Dijon, dont vous êtes le conservateur.

Pag. 513 *med.* Pourquoi ne pas nommer M. *Pierre Jacotot?*

Pag. id. fin. Voilà une bien singulière étymologie du nom du *Pont-Arnot.* Je ne sais dans quel glossaire vous, avez vu que *Arnot* signifie un pont, une arcade ; on trouve dans les dictionnaires du vieux langage, *arnan* ou *arvan*, pour arcade, ouverture faite en arc ; cela n'a point de rapport avec notre pont *Arnault* ou *à Renault*, suivant le nom du dijonnais, qui peut-être a construit ce pont sur la rivière de Suzon. Il existe une délibération du conseil de la ville, de 1485, qui dit : pont de pierre et arvots seront faits sur Suzon, à l'endroit du portail des Carmes, etc. et il semble qu'on peut en conclure que *pont* et *arvots* ou *arnots* signifient la même chose. Je pense qu'il y a erreur, soit dans l'original, soit dans les extraits qu'on a de cette délibération. En effet, un autre titre, en date de *1376* nomme le *Pont-Arnaut*.

Pag. 514 *med.* Il falloit dire que M. Leroux est mort dans la rue Saint-Jean ; car avant d'y demeurer, il avoit résidé long-temps dans la rue Chapelotte, devant l'hôtel Sassenay.

Pag. 515 *med.* Je ne sais ce que

c'est que *les hôtels de l'Aigle et de Beauvilliers*. Il falloit dire que Lemuet donna les dessins de l'hôtel de Luynes, de l'église des Petits Pères à Paris, etc., et des châteaux de l'Aigle et de Beauvilliers.

Pag. id. fin. Il n'y a point eu d'édition *des cinq ordres d'architecture, etc.* en 1641 ; et la date de 1626, *à la manière de bien bâtir*, est également fausse. Vous avez mal fait d'abandonner dans cette occasion la *bibliothèque des auteurs de Bourgogne*, qui est votre guide ordinaire.

Pag. 518 *init.* Il faut écrire *Brulard*.

La rue en question fut ouverte en 1615.

Pag. 519 *med.* Cette position de l'hôtel de Sennecey n'est pas clairement énoncée. L'entrée de cet hôtel étoit et est toujours à l'entrée de la place Saint-Jean, vis-à-vis l'ancien cimetière.

Pag. 520 *med.* Nicolas de Beaufremont-Sennecey fut élu en 1554 et 1555. Ainsi c'étoit vraisemblablement la même élection. Il fut élu de nouveau en 1568.

Il fut député aux états généraux de Blois, en 1576.

Au lieu de dire simplement *grand prévôt*, il faut dire grand prévôt de l'hôtel.

A la fin de cet article, vous avez apparemment voulu parler de *Laplace*, premier président de la cour des aides.

Pag. id. fin. Claude de Beaufremont n'a pas été élu aux états de Bourgogne ; il fut président de la noblesse du royaume aux états de Blois de 1588, mais point à ceux de 1593.

Pag 521 *med.* La nouvelle biographie dit qu'Henri de B. avoit été blessé *au siége de Royan.* Dunod dit *aux siéges de Royan et de Saint-Antonin.*

A la fin de cet article, au lieu de *cinq présidens*, il faut lire *trois présidens*, etc.

Pag. 529 *not.* Suivant votre système, on devroit laisser dans leur ancien état toutes les maisons qui ont été occupées par des hommes célèbres.

Cela feroit un singulier effet dans de certaines villes. La curiosité de quelques personnes seroit peut-être satisfaite ; mais le bon goût, la salubrité et même la raison, trouveroient beaucoup à dire dans cette persévérance à conserver les anciennes formes.

Pag. 538 *init.* Ce fut Guillaume de Pontailler, seigneur de Mussigny, qui donna, en 1363, la chapelle et le terrain, rue Saint-Jean, pour y transférer les moines du *Saint lieu.* Etienne de Mussigny y ajouta, en 1368, une rente assignée sur sa terre de Mussigny ; c'est la figure de ce dernier, et celle de son épouse, qui étoient sur la porte d'entrée de la maison qui passa, en 1622, aux prêtres de la congrégation de l'Oratoire. (Le bref fut enrégistré par le parlement en 1624.) Ces figures ont été enlevées après 1781.

Pag. 543 *med.* M. de Vergennes fut ministre résidant près l'électeur de Trèves, en 1749, et ambassadeur à Constantinople, en 1754.

Pag. 544 *med.* Son portrait a été

gravé par Vaugelisty, d'après le tableau de M. Callet.

Pag. 545 med. Vous auriez pu renvoyer vos lecteurs aux ouvrages intitulés : *Notice historique sur les aïeux de Jacques-Benigne Bossuet et sa patrie d'origine, par M. Cl.-Xav. Girault, jurisconsulte, ancien magistrat,* etc. Dijon, 1808, *in-8°. Lettre à M. Cl.-Xav. Girault, etc., etc. au sujet de sa notice historique sur les aïeux de Jacques-Benigne Bossuet, etc.* Dijon, 1808, *in-8°. Réponse de M. Girault à la lettre du 25 mars 1808, imprimée à Dijon, chez Frantin,* en date *du* 1.er *mars,* 8 pag. *in-8°.*

P. 546 *not.* L'épouse de Claude Monchet s'appeloit *Anne* Humbert. V. l'acte de mariage de Benigne Bossuet et Marguerite Monchet, (père et mère de l'évêque de Meaux.) Extrait des registres de la paroisse Saint-Jean de Dijon. *Lettre à M. Girault, sur les aïeux de Jacq.-Ben. Bossuet,* etc. *in-*8.°, pag. 10.

TABLE ALPHABÉTIQUE
DES MATIÈRES.

(Le chiffre renvoie aux pages des *Essais sur Dijon*, indiquées à chaque article de la présente *Lettre*.)

A

Académie (Salon de l') . . . . . pag. 500
Alethe de Montbard, mère de St.-Bernard. 285
Allée de Retraite ; sa plantation. 61
Antiquité au faubourg d'Ouche. 55
Antiquités de Dijon ; système. . . 327 à 335
Archives de la Préfecture de la Côte-d'Or. 344

B

Baillet (Famille) 232
Baiser des chanoines de la St^e.-Chapelle. . 383
Balbatre, musicien 427
Baudot, (François) maire. 440
— Ses Lettres sur Autun et Dijon. . *ibid.*
Beaufremont ; (Nicolas de) détails. . . . 520
Beaufremont (Claude de) . . . . *ibid.*
Beaufremont (Henri de) 521
Beaux-Arts (Ecole des) 442
Beguillet (Edme) 453
Bernard, (Etienne) député aux états-généraux
   de 1589. 401
Bernardines (Eglise des ci-devant) . . . 167
Bertrand (l'abbé) 456
Bibliothèque historique de la France. . . 299

Bissy ; (Le comte de) ses ouvrages. . . 509
— Sa mort. . . . . *ibid.*
Bonost ; (Jean) sa statue. 482
Bossuet; (Jacques-Bénigne) détails sur le lieu de sa naissance. 545
— Le prénom de sa mère. 546
Botanique de M. Durande père. . . . - . . 34
Bouchu ; (Claude) sa statue. 154
Bouhier ; (Le président) ses ouvrages. . 364
— Son éloge. 368
Boullemier ; (l'abbé) ses manuscrits. . . 460
Brosses ; (Le président de) son éloge . . 300
— Son portrait. 301
Brulard (La rue) 518
Buffon (Détails concernant) 195
Bullier, avocat ; son éloge. 324

C

Cabinet Jeannin de Chamblanc. 232
Capucins, (Pères) à mentionner 76
Carmelites (Portail des ci-devant) . . . 168
Chabot ; (L'amiral) son mausolée 268
Chabot, (Léonor) comte de Charni. . . 189
Chambellan (Famille) 307
Champlitte (Guillaume de) 320
Chapelle aux Riches (Chanoines de la) . 173
Chartreux ; détails sur cette maison ; . . 40
Chasseneuz ; conte des rats ajournés. . . 293
Chenevet ; (André) sa maison 314
Cirey, (Bénigne de) maire 401
Cirey (L'abbé Jean de) 147
— Mort le 24 janvier 1503 . . . . . *ibid.*
Clément ; (D.-X.) ses sermons imprimés en 1770. 252
Cluguy, (Marc-Antoine de) ministre. . 248
Cluguy, (Ferry de) employé par le duc Phi-

lippe le Bon 248
— Chancelier de la Toison d'or . . . 249
Cochet du Magny ; (L'abbé) sa demeure rue
 du Tillot. 130
Cochet de Saint-Vallier ; son livre . . . 303
Colonne dans les jardins de Montbard . . 196
Coquart ; (M.) sa mort 263
Crébillon ; lieu de sa naissance 232
 — Anecdotes sur ce poëte 158
 — Son prétendu mausolée 161
 — Son portrait . . . . *ibid.*

D

D'Apchon ; sa nomination à l'archevêché
 d'Auch. 203
 — Son portrait. . . . . *ibid.*
 — Anecdote de l'incendie. 204
D'Eon ; (Le chevalier) son sexe 93
Dony d'Attichy (Louis) 219
Dubois, sculpteur ; ses ouvrages. 222
Duboy-Laverne ; sa table de neuf volumes des
 Mémoires de l'Académie des Inscriptions. 122
Dumay ; (Pierre) son portrait. 374
Durande père, médecin ; sa découverte au su-
 jet des concrétions biliaires. 34
Durey de Noinville. 100

E

Eloges de quelques auteurs français, in-8°. 173
Emeute populaire de 1775. 202
Escalier de l'Hôtel d'Angleterre 307
Etats-généraux de 1650 348
Etats de Bourgogne (Assemblées des) aux Cor-
 deliers. 184

F

Ferret ; (Charles) ses enfans. 296

Fevret, (Jacques) conseiller au parlement. *ibid.*
Fevret de Fontette; sa généalogie. 299
— Sa mort, et son éloge. . . . . . . *ibid.*
Filles publiques. 320
Fontaine ; la construction du monastère commencée en 1619. 36
Fourcault, (Le père) minime 219
Fournier père et fils. 188

G

Gaspard de Saulx-Tavannes, (Le maréchal) 244
— Ses enfans 245
Gaudrillet (Joseph) 312
Gauthey, ingénieur ; date de sa mort, et publication de ses œuvres. 50
Godran (Famille). 321
Godran ; (Jean) ses ouvrages 322
Gonthier ; (J.-B.) son établissement du Refuge. 150
Griffon (Famille) 235
Guillaume , (Saint) quarante-septième abbé de Saint-Bénigne. 97

H

Hôtel de Brion. 265
Hôtel Chambellan 306
Hôtel de Saillant, rue Charrue 175
Hôtel de Saint-Vivant 395
Hôtel de la Sénéchaussée 189
Hôtel de Sennecey. 519

I

Incendies du palais des Ducs 343
Inhumations dans les églises ; Mémoire de

M. Maret sur ce sujet 43

J

Jacobins, (Les) monastère 304
Jacotot (M. Pierre) 513
Jehannin ; (Le président) sa mort . . . 229
Jehannin de Chamblanc ; son cabinet. . . 460
Jehannin, avocat ; son buste 295
Jésuites ; leur suppression 59
Joigny, en Champagne 469
Joly ; (Bénigne) les auteurs de *sa vie* . 426
Junot, duc d'Abrantès 237

L

Lachère, (Le père) cordelier 185
Laguesle, (Jacques de) fils de Jean, premier président au parlement de Dijon . . . 372
Lalande, astronome ; sa médaille. 512
Languet ; (Hubert) son portrait 214
Languet, curé de Saint-Sulpice de Paris . 210
Languet, archevêque de Sens 212
— Sa mort 213
Lantin, (J.-B.) né à Châlons ; ses enfans. 374
Lantin, (J.-B.) né à Dijon ; son éloge . 376
Lantin, (J.-B.) de Damerey. . . . . . . *ibid.*
Larcher (Article concernant M.) 187
La Tremouille ; (Louis de) ses titres . . 83
— Son portrait 86
Lebeuf ; (L'abbé) nombre de ses ouvrages . 108
Leblanc ; (L'abbé) ses ouvrages 503
Legoux de la Berchère ; son mausolée . . 183
Lemenestrier (Jean) 420
— Son livre sur la statue de Diane d'Ephèse 421
Lemuet, architecte ; ses ouvrages 515

Leroux, chirurgien. 514
Liébaut ; (Jean) ses ouvrages. 251
Logis du Roi ; façade gravée. 355
Longepierre ; (de) son vrai nom. . . . 414

M

Maire (le) de Dijon, élu perpétuel. . . 351
Maires (principaux) de Dijon, ... 253
Maisons des Hommes célèbres, ... 529
Marquant. La révolte de Chramne *marquante*, p. 11. — Les traits *marquans* de l'Histoire, p. 15. — Les élèves *marquans*, p. 468. — Les Peintres *marquans*, pag. 469. — Les Hommes *marquans*, p. 476. — Les Mémoires *marquans* de M. Gelot, p. 477. — Les Ecrits de Lamare sont *marquans*, p. 487. — Ch. Legoux de la Berchère, prélat *marquant*, p. 535, etc., etc.
Martinécourt, (Claudine) mère de Rameau. 377
Mélot ; son éloge. 221
Michault (Jean-Bernard) ; sa mort . . 505
— Son projet d'une description de Bourgogne. . . . . *ibid.*
Migieu (Détails concernant le présid. de) 199
Millotet, (Marc-Antoine) maire en 1653..403
Minimes ; leur fondation. 218
Monnier ; ses estampes 35
Monnoie à Dijon, supprimée en 1774. 232
Montholon (le présid. de); sa sépulture. 382
Montmusard ; vente de ce clos 66
Morat (inscription de) 16
Murs (nouveaux) de Dijon. 236
Mussy-l'Evêque, en Champagne. . . . 284

N

Neuilly (la fête céréale de) 506

Notre-Dame de l'Etang 219

O

Odebert ; (Pierre) son mausolée . . . 303
Orléans (Charlotte d') Longueville . . 304
Othe-Guillaume ; sa sépulture 109
Oudin (le père) ; détails sur ses ouvrages. 451

P

Palais ; ses diverses destinations 344
— Partie construite en 1776 . . . . *ibid.*
Papillon (l'abbé) ; maison où il est né.. 98
Pasumot (François) ; détails. . . 510 et 511
Patouillet (Jean) 451
Patriotisme ; explication 275
Pédauque (la reine) ; sentiment de l'abbé
    Lebeuf. 107
Place Saint-Michel 413
Poissonnier (les deux frères) 507
Pont Arnault (le) 513
Portail de l'église Notre-Dame 308
Porte prétorienne ; où étoit-elle ? . . . 327
Porte Guillaume ; ses inscriptions . . . 95
— Gravée au frontispice du livre. . . *ibid.*
Portelle (la) 483
Pot ; (Philippe) son mausolée 272
Pouffier ; sa famille 260
— Son blason 239

Q

Quarré d'Aligny (Pierre) 174
Quentin ; ses tableaux. . . . . . . 301 et 302

R

Rameau ; son départ pour Paris 378
— Ses éloges et ses portraits 380
Raviot ; (Guillaume) son portrait. . . 296
Réné d'Anjou, duc de Bar ; sa mort et son portrait 395
Retraite (maison de) 59
Richard ; (Jean) son système d'antiquités, 441
Richard ; (l'abbé) ses discours 410
Rolin (Nicolas) 397
— Sa conversation avec le duc ... 398
Royhier, maire de Dijon 351

S

Saint-Fiacre, hospice. 356
Saint-Lieu (moines du) ; leur établissement à Dijon 538
Saint-Médard ; église démolie en 1680 ; inscription 407
Saint-Michel ; sépultures de cette église. 411
Saint-Nicolas (église paroissiale de) . . 251
Sallier (l'abbé) ; son éloge 220
Sambin (Hugues) ; son livre des termes 409
Sennecey (l'ancien hôtel de) 519
Siège de Dijon ; tapisserie historique ... 84
Singes (rue des) 439
Statue équestre de Louis XIV. 342
Syrot (le baron de). 256

T

Tabourot ; lieu de sa naissance. 313
— Sa tombe 114
Taisand (Pierre) ; ses ouvrages. 477

— Sa vie écrite par son fils . . . . . *ibid.*
Talant; château démoli en 1609. . . . 36
Toison-d'Or (ordre de la) 381

U

Ursulines de Dijon; leur fondation . . . 204

V

Vallot (Jean). 426
Varenne (Jacques) 435
— Détails sur ses débats avec le parlement 436
Varenne de Béost. . . . . *ibid.*
Vauban; son éloge. 362
Vergennes (le comte de); ses ambassades. 543
— Son portrait gravé. 544
Vicomté (date de l'acquisition de la) 481
— (Hôtel de la) . . . . *ibid.*
Vignettes de l'histoire de Bourgogne . . . 13
Virgile en patois bourguignon. 374

www.ingramcontent.com/pod-product-compliance
Lightning Source LLC
LaVergne TN
LVHW050601090426
835512LV00008B/1288